# ADRESSE

# D'UN FRANÇAIS.

DE L'IMPRIMERIE DE DAVID,
RUE DU FAUBOURG POISSONNIÈRE, Nº 1.

# ADRESSE D'UN FRANÇAIS

A TOUTES

## LES PUISSANCES DE L'EUROPE,

SUR

## LA GUERRE DES GRECS.

Par F. DUGUÉ.

PARIS,

CHEZ LES MARCHANDS DE NOUVEAUTÉS.

30 AOUT 1824.

# ADRESSE D'UN FRANÇAIS

A TOUTES LES PUISSANCES DE L'EUROPE,

## SUR LA GUERRE DES GRECS.

Simple citoyen, sans autre titre que celui de Français ; inspiré par un sentiment qui me porte à ne respirer que la paix et la tranquillité du monde, le bonheur et la prospérité des nations ; ému par celui d'une compassion philantropique et généreuse, c'est avec une profonde vénération que je m'élève en face de tous les trônes de l'Europe, et que j'adresse à toutes les puissances l'expression des vœux que forment avec moi toutes les âmes nobles et sensibles.

Dans mon pur enthousiasme, animé par l'indignation que manifeste l'opinion publique, je remplis le devoir sacré que m'imposent à la

fois la religion outragée par la fureur fanati-
que et sacrilège des Ottomans, l'humanité sa-
crifiée sous le fer d'une force oppressive et
barbare, et l'héroïsme d'un peuple généreux,
impitoyablement massacré sous le signe vénérable de la rédemption des hommes qu'il
arbore au sein de ses alarmes, pour le défendre contre la profanation des infidèles, et
en même temps recouvrer, sous sa protec-
tion sainte, son antique splendeur, les trésors
de la liberté, la paix de ses familles, et les
bienfaits de la civilisation que le despotisme
et la tyrannie des premiers sultans ravirent autrefois à ses nobles ancêtres.

Les rois, si justement zélés pour le triomphe
de la religion, la puissance pontificale qui fait
tant de pieux efforts pour l'universaliser sur la
terre, les princes vertueux et philantropes sensibles aux malheurs du monde, favorables aux
libertés publiques, à la propagation des lumières, à la prospérité des peuples, ont-ils appris,
sans être pénétrés d'une profonde douleur, et
verront-ils, sans une juste horreur, le spectacle
des épouvantables désastres qui désolent la
patrie de Solon, d'Homère et de Socrate ?

L'étendard ottoman, teint du sang des chrétiens massacrés aux pieds des autels, ou dans
l'arène des batailles, ou dans leurs foyers do-
mestiques, flotte triomphant de la liberté des
Grecs, sur les débris fumans des cités renver-
sées! Les flammes allumées par la fureur des
Musulmans ont dévoré les temples de la religion du Christ et les bannières évangéliques!
Le sang du pontife sacrificateur a rougi le
parvis du sanctuaire! Le glaive meurtrier de la
force barbare a fait un horrible carnage de
tous les citoyens! La valeur expirante s'est en-
sevelie sous les débris de ses armes! La vieil-
lesse infirme est tombée sans vie auprès de
l'enfance innocente! Le même fer a percé le
sein de la mère vertueuse et celui de la vierge
timide! La patrie des Grecs, silencieuse et cons-
ternée, n'est plus qu'un vaste cimetière, où les
générations vivantes seront bientôt ensevelies
sous des ruines sanglantes! Les cendres amon-
celées attesteront seules la place des cités dé-
truites! Les infortunés échappés à la mort ont
dit à leur patrie un éternel adieu, et loin du
sol natal, errent sur de frêles navires à la merci
des tempêtes! Le sang des nombreuses victimes

a rougi les eaux de l'Archipel! Les cadavres mutilés par le fer, emportés par les flots, vont sur tous les rivages apprendre aux nations que les malheureux Grecs périssent en héros sous la force des armes, et qu'aucune puissance ne vole à leur secours!

Des familles de toutes les nations de l'Europe, enveloppées dans ces funestes désastres, étrangères à la cause qui les amène, périssent, sans défense, victimes de la violation du droit des gens, ou fuient pour éviter la mort, abandonnant leurs fortunes, leurs spéculations commerciales, et les fruits de leurs pénibles travaux, à la rapacité de la barbarie.

Au récit affligeant, à la seule idée de ces événemens déplorables, tous les cœurs se soulèvent et frémissent d'horreur; l'esprit ne croirait faire qu'un effroyable rêve, si la renommée qui les publie ne répandait des larmes sur le sort des victimes, dont les cris font retentir tous les échos du monde.

Il semble que le siècle et la tactique des Tamerlan reparaissent sur le sol de la Grèce, où se font des massacres militaires qui n'ont d'exemples que dans les temps de la barbarie

la plus reculée, et d'horribles ravages qui dés-
honorent la civilisation européenne.

Les générations futures, en lisant les pages
de l'histoire où ces affreux événemens seront
retracés, ne pourront croire que, dans le siècle
de la restauration, de la gloire et des lumières,
ces événemens se soient passés, sans que toutes
les puissances justement irritées n'aient pris
les armes pour en réprimer les auteurs, et
venger les victimes par une justice éclatante,
qui ne peut descendre que de la majesté des
trônes.

Les hautes puissances qui ont juré la tranquillité du monde et la paix des États pour-
ront-elles rester plus long-temps indifférentes,
et garder une silencieuse neutralité sur la cause
d'une nation qui les a implorées, au nom de
tout ce qu'il y a de plus sacré dans le ciel et
sur la terre? Seraient-elles insensibles aux plain-
tes des opprimés, aux larmes des victimes, au
trépas des héros, au massacre des citoyens,
aux désastres de l'une des plus belles régions
du monde, sans exposer leur règne et leur mémoire aux équitables jugemens de la postérité,
inexorable juge des rois et des générations?

Ce n'est plus l'ordre de la politique, ce n'est plus la sûreté des trônes qu'il s'agit de défendre. L'ordre politique remis en harmonie, les trônes raffermis par la restauration, n'ont point à redouter les tempêtes publiques; appuyés par les lois, ils sont inébranlables. Les peuples les respectent autant qu'ils les chérissent; mais c'est la religion, la justice et l'humanité dont l'autorité vénérable et suprême impose aux princes de l'Europe le devoir de placer leur auguste médiationet le bouclier de leur puissance, entre le glaive de la barbarie et la résolution héroïque d'un peuple qui a pris les armes et la devise du patriotisme le plus raisonnable, pour se délivrer d'un joug insupportable et d'un odieux esclavage, que la raison du siècle doit faire disparaître pour jamais des régions européennes : c'est la vérité qu'il faut faire triompher du mensonge, et les lumières de la saine philosophie qu'il faut laisser se répandre sur une nation si digne d'en recevoir encore l'éclat.

Quoi ! le beau ciel d'Athènes fut-il jamais créé pour éclairer l'ignorance et l'absurdité ! La mère-patrie des plus grands héros de l'antiquité, des premiers savans du monde, serait-elle devenue pour toujours le partage du despotisme oriental et le séjour d'une servitude avilissante? Non ; les Grecs montreront à l'univers qu'ils sont les dignes imitateurs de Léonidas ! Si le Musulman veut y conserver son empire, il doit y respecter à jamais le culte et la croyance de la religion évangélique ; il doit laisser renaître et refleurir les arts, les sciences et la liberté, là où la liberté, les sciences et les arts brillèrent autrefois si long-tems d'un lustre qui servira toujours de flambeau, de modèle et d'exemple à l'empire de la littérature et du génie ; il faut que leur astre régénérateur reparaisse en tout son éclat sur des régions trop long-tems enveloppées des ténèbres de l'islanisme, et que la tribune où Démosthènes fit tant de fois retentir les accens de sa haute éloquence, se relève du sein de ses ruines et s'ouvre à d'autres orateurs dignes de s'y faire entendre.

Les puissances élevées par le ciel sur la terre pour protéger les hommes et se consacrer à leur bonheur, souffriront-elles que la fureur, aveugle dans ses vengeances extermine impu-

nément un peuple tout entier, qui veut se re-
placer au rang des autres nations, et jouir
comme elles des avantages des lois et de
la liberté ? Non ; il est tems de mettre un
terme à l'effusion du sang humain, et de
proclamer le salut et la délivrance des victimes.

Si les nobles efforts des Grecs sont un crime
aux yeux de la politique ottomane, ce crime
est partagé par les hommes éclairés de toutes
les nations ; ils en adoptent l'honorable complicité, et font des vœux pour le triomphe
d'une cause aussi légitime.

La religion couverte d'un voile funèbre,
l'humanité plongée dans les larmes, le cri de
la nature épouvantée, la consternation générale, l'indignation universelle sur les destinées
des Grecs infortunés, ont vivement ému tous
les peuples. Le déplorable tableau de leur si-
tuation, le sort affreux dont ils sont menacés,
le fer et la flamme qui les entourent, la fureur
implacable qui les persécute, l'abîme de la
mort entr'ouvert sous leurs pas, leur sang qui
coule, les terribles alarmes de ce peuple généreux, sa résolution héroïque, et la magnanimité

de son courage, tout enfin à la fois intéresse à sa cause. La force redoutable qui le poursuit, la barbarie et ses vengeances, soulèvent tous les cœurs d'une indignation impossible à dépeindre. Tous les esprits s'accordent, toutes les opinions se réunissent, toutes les voix s'élèvent pour demander la répression éclatante d'un outrage que le siècle et la civilisation ne pourraient souffrir, sans une sorte de complicité déshonorante.

S'il manque quelque chose à la gloire des rois, si leur puissance veut s'élever encore et paraître dans tout son éclat, s'ils veulent ajouter de nouveaux rayons à ceux qui resplendissent autour de leurs couronnes, jamais peut-être, jamais depuis la naissance du monde il ne s'offrit d'occasion plus belle, plus glorieuse, plus digne des nobles sentimens qui caractérisent les princes contemporains de notre siècle, dont le règne est signalé par tant d'actes mémorables d'une haute sagesse et d'une politique équitable! Jamais le cri de la guerre ne se fit entendre pour une cause plus légitime! Jamais de plus beaux lauriers ne furent offerts à la bravoure! Jamais expédition militaire ne fut plus universellement applaudie ! Jamais l'héroïsme ne dut attendre un plus glorieux triomphe !

Ce n'est plus une guerre de politique ou d'opinion, de conquête et d'envahissement ; c'est une guerre commandée, entreprise pour la cause sacrée de l'humanité, du droit des gens, de la civilisation contre la barbarie, de la liberté raisonnable contre un despotisme absurde, et de la royauté paternelle contre la tyrannie des capitans.

Descendans et successeurs de ces princes d'illustre mémoire qui conduisirent autrefois sous les bannières des Croisades les nobles phalanges de tant de braves chevaliers, sur les rives des régions saintes, pour y rétablir la religion évangélique que les infidèles voulaient anéantir, il vous était réservé, pour la gloire de votre règne et de votre mémoire, de la faire triompher plusieurs siècles après, d'en relever l'étendard sacré, d'en rallumer le divin flambeau là où les successeurs d'Othman l'éteindront peut-être pour jamais, et où tous les chrétiens grecs périront sous le glaive, si vous tardez encore à défendre leur cause.

Quelle plus brillante conquête que le triomphe de la religion, l'agrandissement de son
empire, le salut d'un peuple, son indépendance, sa civilisation et sa prospérité ! Quel
noble devoir à remplir ! Quelle plus honorable
carrière se peut ouvrir à la valeur de vos armées!

Oui, les puissantes régnantes poseront sur
leur siècle et sur leur mémoire l'ineffaçable
sceau de l'immortalité, si*, profondément tou-
chées et pénétrées des déplorables désastres qui
désolent la Grèce, et par la prévoyance de
ceux dont elle est menacé, elles font un appel
à la valeur et au courage pour voler au secours
et à la défense de ses habitans, qui ne comp-
teront bientôt plus au nombre des peuples de
l'Europe, s'ils sont plus long-tems abandon-
nés à leur propre courage, accablés par les
forces formidables de leurs plus cruels ennemis;
au secours, dis-je, de ces généreux citoyens qui
préfèrent l'expatriation volontaire ou la mort,
au joug pesant d'une servitude humiliante et
mal-heureuse, qui dégrade une nation fière de
son origine, de ses souvenirs, de l'illustration
de son antiquité, et des grands hommes qui lui
appartiennent.

Au premier signal, les Français donneront le glorieux exemple ; les vieux héros d'Austerlitz et les jeunes vainqueurs du Trocadero se réuniront sous les mêmes étendards à d'innombrables volontaires qui brûlent en silence d'un pur enthousiasme pour la défense de la valeur infortunée. Tous les jeunes Français, dignes de combattre et de rivaliser avec leurs nobles dévanciers, sentent bouillonner dans leurs veines l'ardeur de la bravoure qui les presse, et de l'indignation qui les excite pour voler aux plaines mémorables des modernes Thermopyles, où bientôt ils feront entendre le bronze des batailles et de la victoire, si les éternels ennemis du christianisme, des lumières philosophiques et des institutions libérales se refusent à briser pour jamais le terrible cimetère de la barbarie.

Oui, les légions françaises, chargées de tant de lauriers, entourées de tant de glorieux souvenirs, toujours prêtes à signaler la noble vaillance qui les distingue, la magnanimité qui les caractérise, n'attendent que l'expression de la volonté royale pour aller apprendre aux Ottomans qu'en France la valeur est immortelle, et que nos jeunes guerriers ont hérité de celle des héros qui les vainquirent naguères au Mont-Thabor et aux Pyramides.

Que l'auguste descendant de Saint-Louis parle ! et soudain la valeur des Bayards modernes, prompte comme l'éclair qui précède la foudre, franchira l'espace qui la sépare des champs de Marathon et fera bientôt flotter en triomphe l'étendard des lys au-dessus de l'orgueilleux croissant, sur les rives ensanglantées où le lugubre tocsin de la mort sonne sur les restaurateurs de la liberté d'Athènes.

C'est là que la justice politique appelle l'intervention des rois et l'auxiliaire protecteur de leur auguste influence !

C'est là que la reconnaissance et la victoire décerneront aux héros libérateurs des palmes véritablement immortelles !

C'est là que l'histoire impartiale, assise sur de glorieux trophées, inscrira les noms des vainqueurs dans ses fastes les plus mémorables !

C'est là que les vertus héroïques de Saint-Louis, transmises à l'un de ses augustes descendans, déjà couronné des lauriers du Trocadère, reparaîtront dans tout leur éclat pour inspirer encore aux Musulmans infidèles le respect et l'admiration, la soumission et la crainte !

Enfin, c'est là que les bénédictions les plus touchantes des citoyens préservés de la mort et rendus à la paix, succéderont aux alarmes publiques, à la consternation des cités, à l'effroi des familles, aux gémissemens des victimes, quand les pacificateurs auront posé le sceau inviolable et sacré sur le pacte du salut et de l'indépendance d'une nation qui ne fut jamais faite pour la servitude avilissante à laquelle ses déplorables destinées l'ont assujétie depuis tant de siècles.

Le temps fuit avec rapidité ; les instans sont précieux ; chaque jour voit s'ouvrir une source de plus aux larmes de l'humanité. Chaque jour est peut-être la veille de quelque nouveau massacre. Au moment même où ma voix s'élève pour supplier toutes les puissances de répondre aux vœux de tous les peuples, de tous les philantropes instruits des malheurs de la Grèce, le glaive exterminateur des capitans tombe peut-être encore sur mille et mille nouvelles victimes ; le sang humain coule, et le voile de la mortest prêtà s'étendre surledernier desGrecs!

Ils veulent être libres! Hélas, leur en fait-on un crime ? Ils veulent être libres ! Oui, c'est le cri qu'ils ont fait entendre ; c'est la devise écrite sur leurs bannières, et gravée par les morts, en caractère de sang, à l'entour de leur tombe avant que d'y descendre ! Ils veulent être libres ! oui, c'est le vœu de tous les hommes, c'est le sentiment de la nature !

Sont-ils donc criminels aux yeux de la raison, quand ils veulent être libres, à l'instar des autres peuples de l'Europe qui vivent sous des lois sages et paternelles ?

Sont-ils rebelles à la puissance, ou si leur résolution n'est pas plutôt un noble élan pour briser des chaînes forgées par d'anciens conquérans oppresseurs ?

Est-il donc séditieux, ce peuple qui, placé sous le plus beau climat du monde, susceptible de recevoir les impressions les plus favorables de la nature et du génie, privé depuis des siècles d'un roi sorti du sein de la patrie, se lève majestueusement sur les cendres de ses anciens héros pour y poser les bases d'un trône légitime, d'un gouvernement national, et rallumer le flambeau des arts où le despotisme ottoman entretient les ombres de l'ignorance et le joug de ses lois tyranniques ?

Si, par l'une de ces funestes vicissitudes auxquelles sont exposées les destinées des nations, une invasion étrangère voulait de nos jours asservir la France et renverser le trône de Henri IV, serait-il un seul Français qui ne prit les armes pour défendre son prince et sa patrie, ses droits et son indépendance ? et si les Français succombaient dans une cause aussi sacrée, leurs descendans seraient-ils criminels, en voulant imiter leurs pères, venger leurs cendres et relever un trône environné de tant de gloire?

Ce que les Français feraient dans tous les temps pour la défense du trône légitime et le maintien des libertés publiques, ce que feraient toutes les nations éclairées, les Grecs ont entrepris de le faire après des siècles ; et si les siècles leur ont ravi le dernier rejeton de leurs rois légitimes, la justice politique ne leur donne-t-elle pas le droit d'élire un prince parmi les citoyens ?

S'ils ont enfreint les règles de la politique ottomane qui les opprime, n'y sont-ils pas provoqués par le joug de fer qu'elle leur impose ? si le sultan insensible à leurs justes vœux, a prononcé contre eux une sentence d'extermination, n'est-ce pas un devoir pour les autres puissances de la faire révoquer ou de s'opposer à son exécution par un glorieux obstacle ?

Enfin, par une supposition que je ne devrais même pas faire, quand ils seraient coupables par suite des illusions que se font les malheureux, devraient-ils donc mourir sans espoir de clémence ? Et la médiation des puissances influentes ne serait-elle pas encore un devoir ?

Telles sont les questions importantes que l'humanité soumet au tribunal de l'équité suprême.

Puissances des nations valeureuses, augustes fondateurs du pacte de la sainte alliance, vous avez entendu les représentations lumineuses des publicistes philosophes ; les tribunes nationales et législatives ont par fois retenti des accens de plusieurs orateurs généreux dont l'éloquence a plaidé la cause du malheur ; de savans diplomates se sont fait entendre dans l'enceinte de vos conseils , pour appeller votre attention et votre justice sur cette cause intéressante et légitime ; la haute sagesse qui vous inspire et votre profonde pénétration ont dû porter la conviction dans vos pensées. La justice du ciel a parlé sur la terre ; il est temps d'accomplir ses augustes arrêts , et de remplir ses volontés suprêmes dont vous êtes les organes. Ne laissez point passer la rapidité des heures en longues délibérations ; il ne s'agit point de fixer les limites d'un empire ou d'en discuter les prérogatives ; c'est un fleuve de sang qui coule à vos yeux dont il faut détruire les sources ! C'est un feu terrible dont il faut éteindre les flammes dévorantes ; l'abîme de la mort qu'il faut fermer sous les pas d'une population cruellement persécutée ! c'est le bronze des batailles et la foudre de votre puissance qu'il faut faire entendre sur les rivages de l'Archipel, si la voix sage et persuasive de vos ambassadeurs n'est pas écoutée dans l'enceinte des divans en faveur de la Grèce !

Réunissez vos phalanges guerrières , faites déployer vos étendards, en signe de ralliement. Les Grecs et la victoire attendent vos armées dans les plaines d'Athènes , où la paix et la religion dont vous releverez les temples auprès des ruines de l'ancien aréopage , immortaliseront vos noms et votre gloire.

Si vous balancez , les Français marcheront à la voix de leur prince ; ce n'est jamais au nombre qu'ils doivent la victoire : ils triompheront seuls et n'auront à partager avec aucuns compagnons d'armes la gloire et les lauriers dont ils feront la conquête.

Je m'adresse à toutes les puissances , parce que toutes les puissances sont intéressées à réprimer, d'une manière éclatante , les abus déshonorables de toute autorité souveraine , les actes barbares , les exécutions sanguinaires dont le scandale universel et la révoltante atrocité impriment des taches ineffaçables aux pages de l'histoire , en même temps qu'ils profanent la majesté des diadêmes.

J'invoque la puissance des trônes de la sainte alliance , parce que les augustes fondateurs de la sainte alliance , en établissant l'empire d'une paix éternelle , ont solennellement juré de le défendre contre tous les outrages , de protéger les peuples, et d'entretenir le repos du

monde, fatigué de conquêtes, et trop long-
temps abreuvé de sang et de larmes.

Je parle au nom de tous les peuples, parce
que le sort des Grecs attriste tous les peuples,
et que les citoyens de toutes les nations
brûlent de les défendre, et de venger les victimes.

Je parle au nom des Français, parce que tous
les Français sont indignés contre l'affreuse barbarie dont la force et le glaive immolent, sans
pitié, tant d'humaines victimes, dans les cités en
flammes et dans les campagnes ravagées.

Guerre aux ennemis de l'humanité, aux
Tamerlans modernes, aux capitans barbares,
à leurs bandes stupides, féroces instrumens de
tant de cruautés !

Vengeance éclatante des outrages à la religion de l'univers, à la morale politique, à la di-
gnité des nations, à la civilisation du siècle,
aux souvenirs d'Athènes !

Que les braves se préparent ! les cris des
victimes ont retenti jusqu'au pied du trône
de Saint-Louis ; et le trône de Saint-Louis
resplendissant des vertus éclatantes de tant de
rois, héritées par leur auguste successeur ; le

trône de Saint-Louis, sanctuaire de la justice des empires, fera bientôt entendre l'ordre suprême, objet des vœux universels. Ce manifeste mémorable sera l'un des plus beaux traits de la haute sagesse du monarque, et le plus heureux moyen qui puisse peut-être jamais se présenter de réconcilier les partis opposés, de fondre les opinions diverses, d'accorder les partis différens, de réunir tous les cœurs, d'éteindre les dissentions publiques, et d'anéantir sans retour la discorde sourde et silencieuse qui divise la plus grande et la plus glorieuse des nations de la terre.

L'attente du manifeste se signale dans tous les discours, se lit sur tous les visages ; les jours qui le précèdent, redoublent la force des vœux publics, et l'impatiente ardeur de la valeur électrisée qui brûle de combattre pour une si belle cause. La prudence et la justice du monarque délibèrent ce manifeste ; il ne peut tarder à paraître. L'élan national sera libre, aussitôt que l'ordre suprême se sera fait entendre ; et les Français conduits par le prince qui naguères signala sa valeur et sa prudence aux rives de l'Ebre et du Tage, voleront au secours des Grecs, et feront cesser pour toujours leur servitude et leurs désastres.

Gloire au prince qui guidera nos intrépides phalanges! Honneur éternel aux Français qui voleront sur ses pas à la défense d'un pays dont la France hérita les arts et le génie! Héros libérateurs, ils feront trembler le croissant! Ils ébranleront l'immensité de son empire, et réprimeront la stupide férocité des esclaves armés contre leurs propres frères! Ils rapporteront en triomphe leurs invincibles étendards, dont les lambeaux sacrés seront teints du sang des Musulmans vaincus! Les honorables cicatrices empreintes sur leurs fronts par le redoutable cimetère, seront recouvertes de lauriers, tels que jamais guerriers n'en ceignirent de plus beaux! A leur retour sur le sol français, salués par les acclamations nationales, élevés au rang des illustres héros, ils partageront avec eux les récompenses honorables et les insignes glorieux que la munificence royale accorde au mérite et aux vertus militaires. L'histoire inscrira leurs noms sur ses tables immortelles; et leurs exploits mémorables, applaudis par le monde et gravés sur le bronze,

seront les plus beaux rayons de l'auréole éclatante dont la patrie est entourée.

Hélas ! les flots de, la Méditerranée se rou-
gissent encore du sang des Grecs; les massacres
se multiplient, et les puissances délibèrent !
Que peuvent-elles attendre ! Quelques momens
de plus, et le dernier des Grecs aura perdu la
vie ! Leurs ombres ensanglantées apparaîtront
sans cesse autour des trônes, agiteront l'imagi-
nation et la pensée des rois, et troubleront la
félicité des puissances restées neutres et indifférentes sur leurs déplorables destinées.
Leurs ossemens épars autour des débris de la
croix, mêlés aux cendres des cités, indiqueront
aux générations futures la place où ils mou-
rurent en héros, faibles victimes, sans secours
et sans défense, martyrs de leur patrie, au
milieu des nations civilisées témoins de leurs
désastres et retenues dans leur indignation par
les règles inviolables qui font dépendre l'obéis-
sance des volontés du pouvoir suprême.

Augustes puissances, ne balancez pas ! Sauvez les Grecs, sauvez l'humanité. Tous les
peuples vous en supplient, tous les Français
vous en conjurent ! Répondez aux vœux uni-

versels qui se font entendre. Parlez, et l'Europe
entière va courir aux armes. Le manifeste seul
de votre volonté fera pâlir le sultan au fond
de son voluptueux et magnifique sérail, et
trembler sur les rives du Bosphore les fonde-
demens de son empire.

Les étincelles d'une guerre aussi légitime
allumeront peut-être pour jamais le flambeau
du christianisme et de la vérité, de la philosophie et des beaux arts, sur les vastes régions
orientales.

Dans la simplicité de ma sphère, où la philosophie élève mes sentimens et mes pensées
au niveau des grandeurs qui m'entourent, je
connais la distance qui m'en sépare, et me
tiens avec respect dans les bornes de la hié-
rarchie civile ; mais là où la nature et mes
destins m'ont placé, j'exprime librement ce
que la raison me suggère ; étranger à tout esprit de parti contraire à la paix et au bonheur
du monde, j'embrasse avec ardeur celui de la
justice ; c'est un devoir sacré que je remplis
avec un zèle qui ne peut avoir que des appro-
bateurs. Mes vœux seront partagés par tous
les hommes raisonnables ; et mes expressions,

aussi respectueuses que hardies, ne pourront être considérées comme des phrases irrévérentes et téméraires. Organe de l'opinion publique et de la volonté générale, je plaide la cause de l'humanité, et défends l'honneur de mon siècle outragé par la barbarie. Je suis l'impulsion de mon cœur et cède à la force du sentiment qui m'anime; j'entends les cris et les pleurs des mourans; je vois se répandre le sang des victimes héroïques; le mien frissonne, et la douleur me force à rompre le silence, pour que les vérités dont je retrace le tableau, exposées sans déguisement, frappent l'attention de toutes les puissances.

Puisse mon dévouement avoir des imitateurs, et provoquer l'éloquence énergique et persuasive de tous les orateurs français, afin qu'à leurs généreux accens, l'auguste auteur de la charte constitutionnelle, toujours prêt à répondre au vœu national, toujours sensible aux destins des peuples opprimés, interpose sa puissance et la valeur de ses armées, dans la lutte déplorable et sanglante qui couvre le sol de la Grèce de cendres et de ruines, et ne laisse, dans ces belles et célèbres contrées, que l'affreux silence de la mort et les mânes des nobles victimes.

Si mes accens ne sont point entendus, si les puissances restent neutres, j'en gémirai dans le silence, et n'en ferai que plus de vœux pour le triomphe du patriotisme grec. S'il est vainqueur dans sa tentative héroïque, je me réjouirai de son heureux succès; j'y trouverai ma récompense. S'il succombe, je laisserai couler mes larmes sur les tristes destinées de ce peuple infortuné. Je ne cesserai d'applaudir à la noble résolution qu'il a prise de mourir sous les armes, plutôt que de rester sous le joug de bronze qu'il veut renverser; et fier d'avoir embrassé sa cause, je me féliciterai toute ma vie du dévouement qui m'inspire le devoir honorable de consacrer pour lui ma voix et mes efforts auprès de toutes les puissances.

FIN.